コヨーテ太陽をぬすむ

アメリカインディアンのおはなし

編訳・高野由里子

絵・古沢たつお

装幀　やわらかデザイン

もくじ

このよができたばかりのころ。

どうぶつたちに、つよさの矢《や》がさずけられることになりました。クーガーが一《いち》ばん長《なが》い矢《や》を、クマが二《に》ばんめに長《なが》い矢《や》をうけとり、どうぶつたちは、それぞれ長《なが》さにあったつよさをもらっていきました。

ねぼうしたコヨーテがちこくをすると、いちばんみじかい矢《や》しかのこっていませんでした。いちばんよわい矢《や》とともに、コヨーテがもらったのが「ずるがしこさ」です。

それからコヨーテはちえをつかって生《い》きてゆくことになりました。

（カロク族《ぞく》のお話《はなし》より）

コヨーテ、空《そら》をとびたい

コヨーテは、うろうろあるきまわります。

これまでに、いったいどれだけ、いろいろなところをうろついたことでしょうか。けれどもコヨーテは、どこへいこうと、けっして、まんぞくすることはありませんでした。

なにを見《み》ても、なにをきいても、どんなにおいをかいでも、なにをたべても、なにをさわっても、なにかものたりないのです。だからコヨーテは、いつも、あたらしいものをさがしもとめていました。

コヨーテは、うろうろあるきまわります。

南《みなみ》へいっても、ただの、ひろいはらっぱがあるだけでした。東《ひがし》へいっても、うっそうとした、森《もり》があるだけでした。西《にし》へいっても、メーサがいくつか見《み》えるだけです。メーサとは、てっぺんがたいらになった、いわだらけのおかのことです。テーブルのようなかたちをしています。

空《そら》にカラスのむれがとんでいました。せまい谷《たに》のあいだを、スイスイととんでいます。

「あれだ！」

　コヨーテはおもいました。

「空《そら》こそ、これまでおれさまが、一《いち》どもいったことのないばしょだ。お〜い、お〜い！　カラスたちよ」

　コヨーテはカラスによびかけ、おいかけました。カラスたちは、しらんかおです。

　それでもコヨーテは、大《おお》ごえでよびかけました。

「カラスよ、まってくれ。はなしがあるんだ」

　カラスたちは、やっかいごとに、まきこまれるのはごめんだと、きこえないふりをしてとびつづけました。けれどもコヨーテは、ずっと大《おお》ごえでよびつづけながら、おいかけてくるのです。

「カラスよ、ともよ。ねえったら、ねえ！」

カラスたちは、しぶしぶ、大《おお》きな木《き》にとまりました。

コヨーテがいいました。

「おれさまは、このちじょうの、ありとあらゆるところへたびをして、ありとあらゆるものを見《み》てきたが、空《そら》をとんだことは一《いち》どもない。だから、おまえさんたちから、とびかたをおそわって、空《そら》をとびたいんだ」

「そんな、むちゃな」

カラスはいいました。

「きみは、とぶようにはつくられていない。とりでもないし、はねもない。ちじょうの生《い》きものだ。とびかたをおしえるなんて、できないよ」

「たのむよ」

コヨーテはいいました。

「おねがいだ。いうことをきくから」

コヨーテがあんまりしつこいので、カラスは、とうとういいました。

「ぜったい、ぼくたちのいうことをきくんだよ」

「もちろんさ！」

コヨーテは大《おお》よろこびです。

「これから三《さん》かい、レッスンをするよ。でも、その三《さん》かいでとべなければ、こんりんざい、とぶことをあきらめるんだね」

コヨーテは、やくそくしました。

一《いっ》かい目《め》のレッスンです。

コヨーテは、カラスのおしえるとおり、トゲだら

けのいばらのしげみの上《うえ》にあがりました。足《あし》のうらがトゲでちくちくいたみます。なんとかコヨーテは立《た》ち上《あ》がり、バランスをとりました。

カラスがいいました。

「それじゃあ、りょううでをのばして、上下《じょうげ》にバタバタふるんだ。そして、そこからとんでごらん?」

コヨーテはいわれたとおり、りょううでをのばしてバタバタふって、いばらの上《うえ》からジャンプしました。

ふわっと、うかんだような気《き》

がしました……つぎのしゅんかん、どさっとじめんにおちました。コヨーテはおしりをうちましたが、いたくないふりをしました。

カラスがききます。

「まだ、ちょうせんするのかい？」

「もちろんさ」

二《に》かい目《め》のレッスンです。

コヨーテはカラスにいわれたとおり、たかい木《き》のてっぺんにのぼりました。

「これは、おもっていたよりも、ずいぶんたかいぞ」

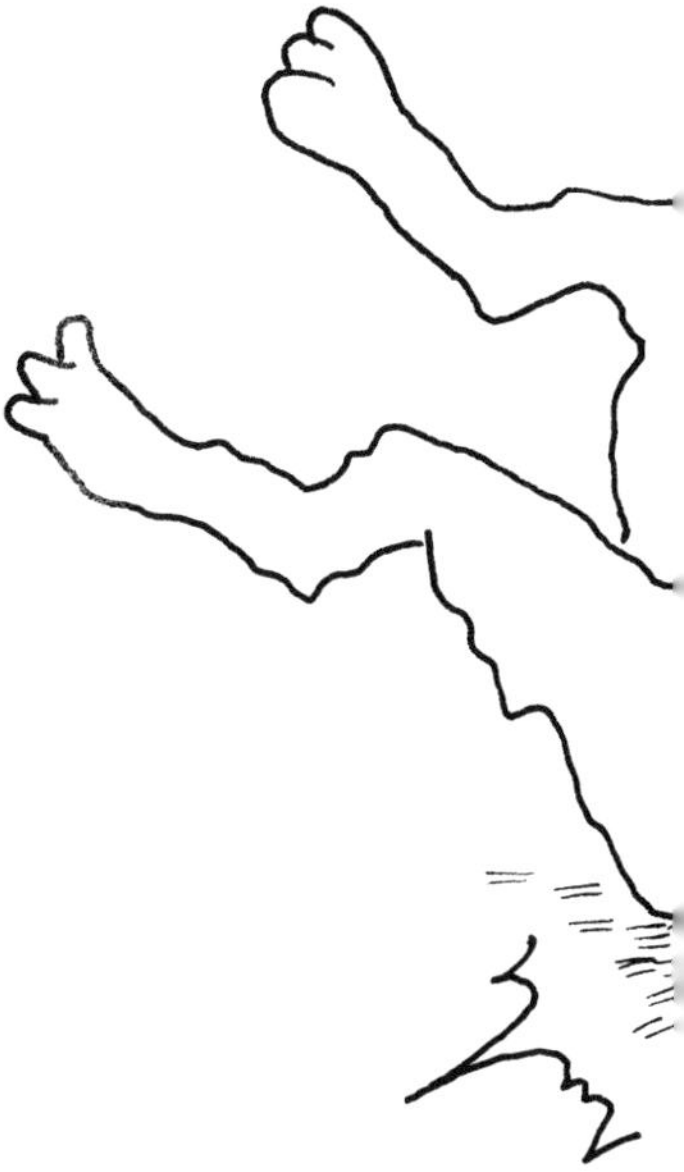

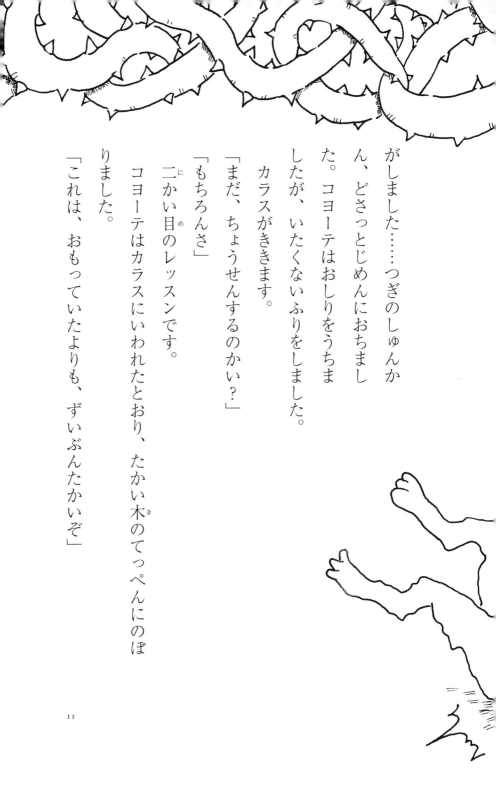

コヨーテがぶるっとふるえると、カラスがいいました。

「やめるかい？」

「ぜったいにやめないぞ！」

カラスは一《いっ》かい目《め》とおなじように、りょううでをひろげさせましたが、もう一《ひと》つ、つけくわえました。

「しっぽを、まわしてみたらどうだい？　できるだけ速《はや》く、かいてんさせるのさ」

コヨーテはいわれたとおり、りょううでをふり、しっぽを

まわしました。そして、とびました。

とべた！　ココーテは空《そら》をとびました！

つぎのしゅんかん、またしてもココーテはじめんに、ドシンとおちました。まえよりもずっといたかったのに、へいきなふりをしました。

「そうだ、ひらめいた！」

ココーテはいいました。

「おまえたちの、はねをかしておくれよ。そうしたら、もっとじょうずにとべるはずさ」

カラスたちは、あつまってはなしあいました。たしかにココーテに、はねがあったほうがとぶにはよさそうですが、カラスには、よぶんな、はねはありません。そこで、みんなで一本《いっぽん》ずつはねを出《だ》しあって、たりないぶんは、かれた草《くさ》を、はねのかわりにしようということになりました。

カラスたちは一本《いっぽん》ずつ、はねや、かれ草《くさ》をココーテにつきさしました。

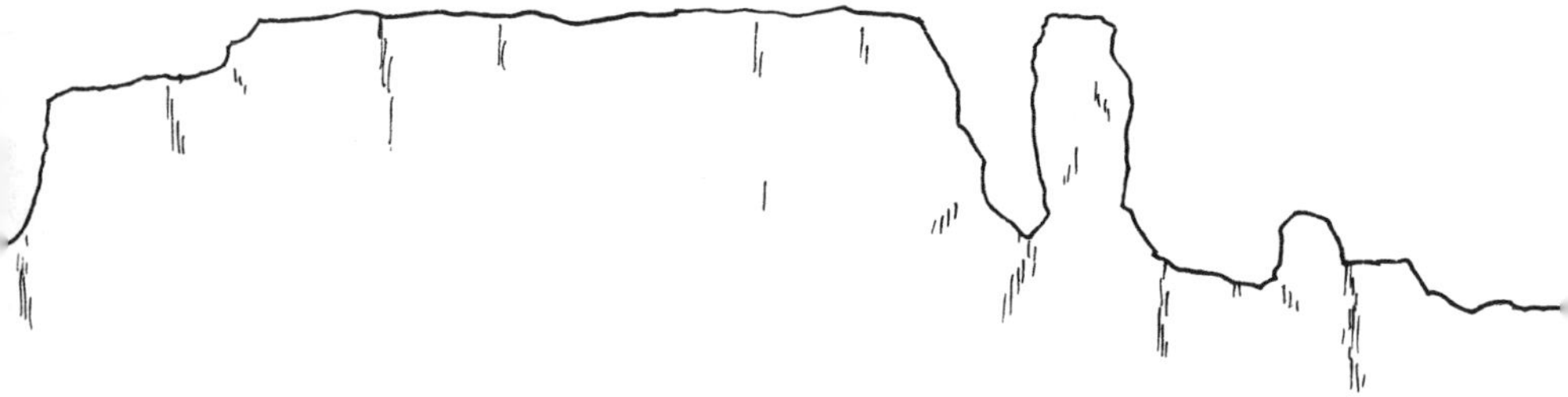

そのたびにいたくて、コヨーテは、ぴくっぴくっとからだをふるわせます。

カラスはおかしくて、クスクスわらいました。

三《さん》かい目《め》のレッスンです。

こんどは、たかい松《まつ》のてっぺんにのぼりました。このへんでは、一《いち》ばんたかい木《き》です。

からだ中《じゅう》に、はねをつけたコヨーテは、りょううでをのばしてバタバタふって、しっぽをプロペラのようにぐるぐるまわし

て、そして、とびました。

とべた!

カラスたちはびっくりしました。

コヨーテが、空《そら》をとんでいるのです。

コヨーテはすっかり、いい気《き》ぶんになって、空中《くうちゅう》でジグザグにとんでみたり、ぐるっと円《えん》をえがいたかとおもうと、よこむきにとび、そしてたかく上《あ》がったかとおもうと、じめんすれすれにとぼうと、きゅうこうかし

て……そのまま、じめんにたたきつけられました。

コヨーテはうごきません。

あんまりはげしくおちたので、カラスたちは、コヨーテが死《し》んだのではないかとおもいました。

しばらくして、コヨーテはおき上《あ》がりました。やっぱり、ちっとも、いたくないようなふりをしています。

カラスたちはいいました。

「もう、とぶのはあきらめなさい。きみは、ちじょうを、あるくようにつくられているのだから」

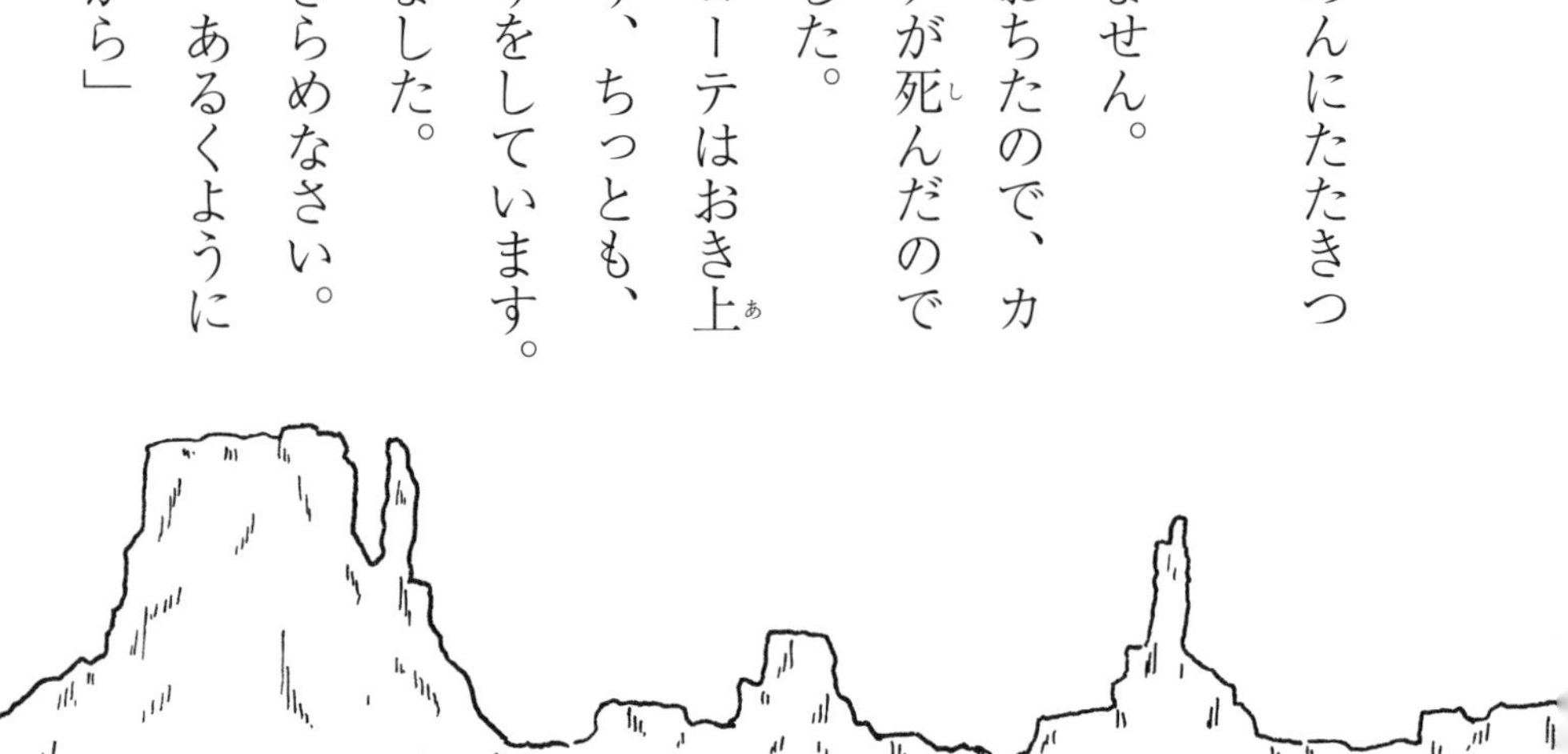

「いいや」
コヨーテはいいました。
「いまので、とぶコツがわかったよ。つぎは、ぜったいにうまくとべるはずさ。もう一《いち》ど、あの松《まつ》のてっぺんから、とんでみせよう」
コヨーテは松《まつ》のてっぺんにのぼりました。からだ中《じゅう》にはねをつけたコヨーテは、りょううでをのばしてバタバタふって、しっぽをプロペラのようにぐるぐるまわして、とびました。

とべた！

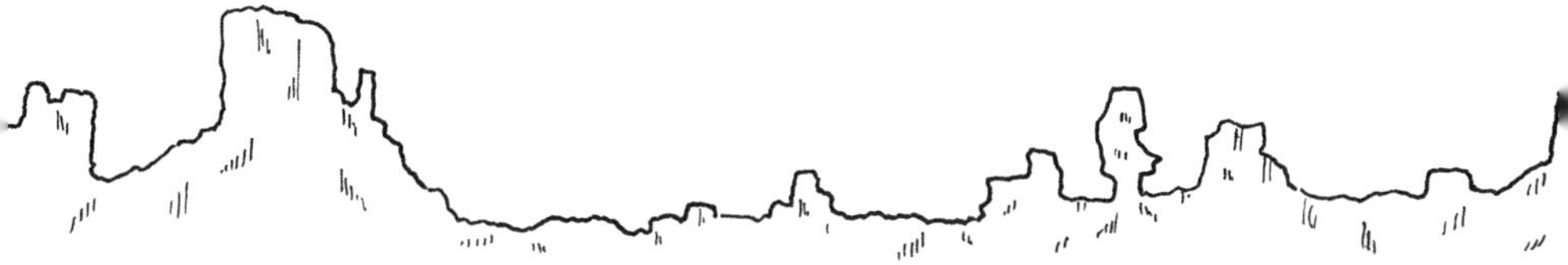

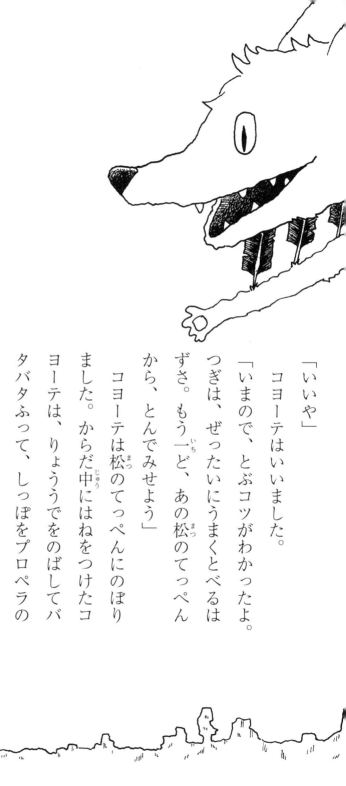

つぎのしゅんかん、カラスたちが、空《そら》をとぶコヨーテにむらがりました。

「やくそくの三《さん》かいのレッスンはおわった。はねはかえしてもらうよ」

カラスたちは、くちばしで一本一本《いっぽんいっぽん》、はねをぬいてしまいました。

コヨーテのからだから、はねが一本《いっぽん》もなくなりました。のこったのは、かれ草《くさ》だけです。

空《そら》たかくから、コヨーテはまっすぐおちていきました。

おちたさきは水《みず》たまりでした。

コヨーテは、どろだらけです。見上《みあ》げると、カラスがわらいながらとびさっていきます。

「お〜い、まってくれよ」

コヨーテは、おいかけました。はしって、はしって、空《そら》をとんでいくカラスをしつこくおいつづけて、いくつものメーサをのぼりおりしました。

一《いち》ばんたかい山《やま》をのぼって、はんたいがわのしゃめんをおりようとすると、コヨーテはころんでしまいました。するとそのまま、ごろんごろん。

山《やま》のふもとまでころがりおちて、気《き》ぜつしてしまいました。

しばらくして目《め》をさますと、カラスたちのすがたは、もうどこにも見《み》えません。

しかたなくコヨーテは、どろと、すなにまみれたまま、とぼとぼいえにかえるしかありませんでした。

　いまでもコヨーテは、どろと、すなのいろをしています。そしてたいてい、かれ草《くさ》を、からだのどこかしらにつけていて、けっして、まんぞくすることをせず、いつもちじょうをうろついているのです。

コヨーテとカメ

ある日《ひ》のこと。

おなかをすかせたカメが、うろうろしていると、だいこうぶつの、みずみずしい草《くさ》や、はっぱのたくさんしげっているところを見《み》つけました。

すっかり、むちゅうになってかじっていると、気《き》がつけば、いえのある川《かわ》から、ずいぶんはなれたところまできてしまっていました。

まうえからは、太陽《たいよう》がじりじりとてりつけてきます。カメは日《ひ》ざしのつよさに、だんだんまいってきました。

このカメは、川《かわ》にすんでいるカメなので、つめたい水《みず》の中《なか》でしかくらせません。太陽《たいよう》のひかりにてらされていたら、やがては、ねつにやられて死《し》んでしまいます。カメはいそいで川《かわ》にかえろうとしましたが、カメのあゆみは、とてもゆっくりですし、川《かわ》はまだまだとおいのです。

とうとうカメは、なき出《だ》してしまいました。

すると、コヨーテがとおりかかりました。

「やあ、うたをうたっているのかい？　そのうた、おれさまにおしえておくれよ」

「うたなんか、うたっていないよ。ないているんだ」

カメがこたえました。

「せっかく、うたをおしえてもらおうとおもったのに」

コヨーテはカメを見《み》て、よだれをたらしました。

「うたをおしえてくれないのなら、じゃあ、おれさまは、おまえをりょうりするために火《ひ》をおこそう」

カメは、なくのをやめました。

「きみもバカだねえ。ぼくらカメには火《ひ》がきかないんだよ。しらないの？あついこうらでまもられているから、火《ひ》でやかれてもなんともないんだ。火《ひ》をおこしてもむだだよ」

「ふうん。ようし、じゃあ、おまえをひっくりかえして、日《ひ》ぼしにしてやれ。そうすれば、おまえもつかれて力《ちから》をなくして、こうらもはがれやすくなるだろうよ。そうしたら、おまえをくってやる」

「きみは、ほんとうにバカだねえ」

カメがいいました。

「ぼくらカメが、日《ひ》ぼしくらいでよわるもんか。このこうらは、ぼくらがとりたいとおもわないかぎりは、ぜったいにはずれないんだよ。だから、ぼくをひっくりかえしても、むだなことさ」

「それじゃあ、おまえを、がけのて

っぺんまではこんでいって、かたい、いわばに、たたきおとしてやる。そうしたら、おまえのこうらはバラバラのこなごなだ。そうしたら、おまえをくってやる」

「やれやれ、きみほどのバカは見《み》たことがないよ。ぼくらカメのこうらは、石《いし》よりかたいよ。しらないのか

い？　このよで、カメのこうらほど、かたいものはないんだ。だからたたきつけられても、われやしないよ。がけの上《うえ》にはこぶなんて、むだなことさ」

　コヨーテは、だんだん、はらがたってきました。

「じゃあ、そこらへんの川《かわ》につっこんでやる。そうしたら、おまえのこうらに水《みず》が入《はい》りこんで、おぼれてしまうだろうよ。そうしたら、おまえをくってやる」

「ええっ！」

　カメは、ぶるぶるふるえだしました。

「それだけはやめてくれ。そんなことをされたら、こうらに水《みず》が入《はい》っておぼれて死《し》んでしまうよ。おね

がいだ。どうかそれだけは、やめておくれ！」

　コヨーテは、にやりとわらいました。

「バカはどっちだろうねえ。じぶんから、じゃくてんをはくじょうするとは」

　そういってカメをひっつかむと、いそいで川《かわ》にはしっていき、いきおいよく、ほうりこみました。カメはドボンと

川《かわ》におちました。

しばらくすると、水《すい》めんにカメが、かおを出《だ》しました。

「ありがとう、コヨーテ。ぼくをいえにもどしてくれて、ほんとうにありがとう。きみは、いのちのおんじんさ！」

コヨーテは、だまされたとわかりました。川《かわ》をスイスイおよいでいくカメを見《み》て、くびをふると、とぼとぼとかえっていきましたとさ。

コヨーテ、ロバを売《う》る

コヨーテがうろうろしていると、一《いっ》とうのロバを見《み》つけました。見《み》まわしてみると、とおくのほうから、こちらへむかってあるいてくる、にんげんたちのすがたが見《み》えます。

コヨーテはひらめきました。

そしてロバにちかづいていくと、ロバのおしりのあなに、もっている金《きん》のかけらをぜんぶつっこみました。

やがて、にんげんたちがとおりかかりました。

「やあ、みなさん。いいものをお見《み》せしましょう。ここにいますのは、よにもめずらしい、金《きん》のうんちをするロバですぞ!」

コヨーテが、ロバのおなかをたたくと、ほんとうに、おしりのあなから金《きん》が出《で》てきました。

にんげんたちはびっくりぎょうてん、すぐにこのロバを売《う》ってくれとたのみました。

もちろん、コヨーテが売《う》らないわけがありません。けっこうなねだんで、ロバを売《う》りわたすと、さっさといってしまいました。

さて、にんげんたちはコヨーテがしていたように、ロバのおなかをたたきました。はじめのうちこそ金《きん》が出《で》てきましたが、すぐに、なにも出《で》なくなってしまいました。

あきらめきれずにたたきつづけると、ほんもののうんちをしました。

にんげんたちは、コヨーテにだまされたとカンカンにおこりながら、ロバをひいていきましたとさ。

コヨーテ、おそろしい怪物《かいぶつ》をたおす

コヨーテは、うろうろあるきまわります。

とおりがかった木《き》の上《うえ》に、ことりがとまっていました。

「ねえ、コヨーテさん。ぼく、おなかがすいているんだ。なにか、たべるものをくれないかい？」

ちょうどコヨーテは、ペミカンをもっていました。ペミカンとは、にくのあぶらみと、あかや、むらさきいろをした木《き》のみをまぜて、たたいてのばして、ほしたたべものです。ながいあいだ、ほぞんできるたべものなのです。

コヨーテは、ペミカンを小《ちい》さくくだいて、ことりにわけてあげました。

「ありがとう。おれいに、いいことをおしえてあげるよ。このさきには、おそろしい怪物《かいぶつ》がいるよ。なんでものみこんで、たべてしまう怪物《かいぶつ》だよ。このまますすんでいくとたべられてしまうから、いかないほうがいいよ」

「へえ、どんな怪物《かいぶつ》なんだい？」

「とんでもなく大《おお》きいんだって。大《おお》きすぎて、からだがぜんぶ、見《み》えないくらい」

「そんなに大《おお》きいのかい？」

コヨーテはいいました。

「じゃあ、気《き》をつけていくことにするよ。おしえてくれてありがとう」

しかしコヨーテは、そのままあるいていきました。そんなに大《おお》きな怪物《かいぶつ》ならば、一目見《ひとめみ》てみたいとおもったのです。

しばらくすると、一本《いっぽん》の松《まつ》の木《き》がありました。見上《みあ》げても、てっぺんが見《み》えないほどたかい木《き》です。

コヨーテは、ふとひらめいて、この松《まつ》の木《き》を、ものすごい力《ちから》でひっこぬ

きました。そして、ながいながい松《まつ》を、かたの上《うえ》にかつぐと、またあるいていきます。

「こうしていたら、ながい松《まつ》の木《き》がつっかえて、おれさまをのみこむことができないだろう。いくら大《おお》きい怪物《かいぶつ》といったって、口《くち》の中《なか》に、入《はい》りきりやしないさ」

そうして、松《まつ》をかついだコヨーテが、あかい土《つち》の谷《たに》まをあるいていくと、なんだかどんどん、くらくなってきました。

足《あし》の下《した》からカチカチと音《おと》がするので見《み》てみると、白《しろ》いほねです。あたり一《いち》めん、かわいたほねだらけです。

目《め》のまえにガイコツが、つみあげられていました。

そのてっぺんに、男《おとこ》がひとりすわっています。ガリガリに、やせほそっていて、その男《おとこ》もガイコツのように見《み》えました。

「ああ、ともよ。生《い》きているものを見《み》るのはひさしぶりだ。おれは、うえて死《し》んでしまいそうなんだ。なにか、たべるものをくれないかい？」

コヨーテはペミカンをとりだすと、男《おとこ》にぜんぶあげました。

「ありがとう。きみはいのちのおんじんだ」

ガイコツ男《おとこ》はいいました。

「ところで、きみはどうして、そんなにながい木《き》をかたにかついでいるんだい？」

「このさきに、大《おお》きな怪物《かいぶつ》がいるというから、のみこまれないようにさ」

「ああ！　お気《き》のどく」

ガイコツ男《おとこ》はいいました。

「もうおそいよ。ここは、その怪物《かいぶつ》のはらの中《なか》なのさ。おれたちはとっくに、怪物《かいぶつ》にのみこまれているんだ

よ」

「じゃあ、いそいで、きたみちをひきかえそう」

「だから、もうおそいのだ。うしろを見《み》てごらん。きみのきたほうは、もうまっく

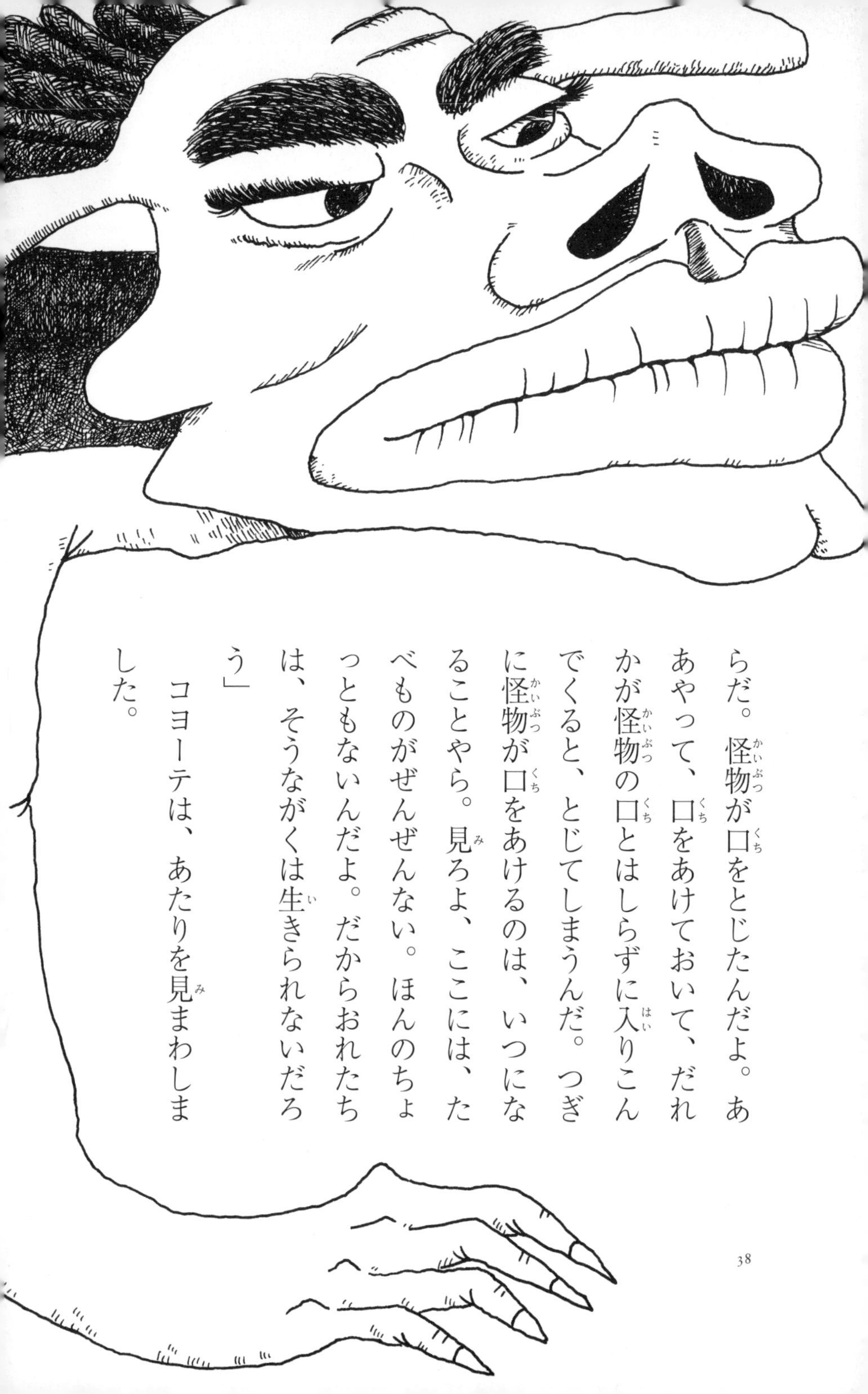

らだ。怪物《かいぶつ》が口《くち》をとじたんだよ。ああやって、口《くち》をあけておいて、だれかが怪物《かいぶつ》の口《くち》とはしらずに入《はい》りこんでくると、とじてしまうんだ。つぎに怪物《かいぶつ》が口《くち》をあけるのは、いつになることやら。見《み》ろよ、ここには、たべものがぜんぜんない。ほんのちょっともないんだよ。だからおれたちは、そうながくは生《い》きられないだろう」

コヨーテは、あたりを見《み》まわしました。

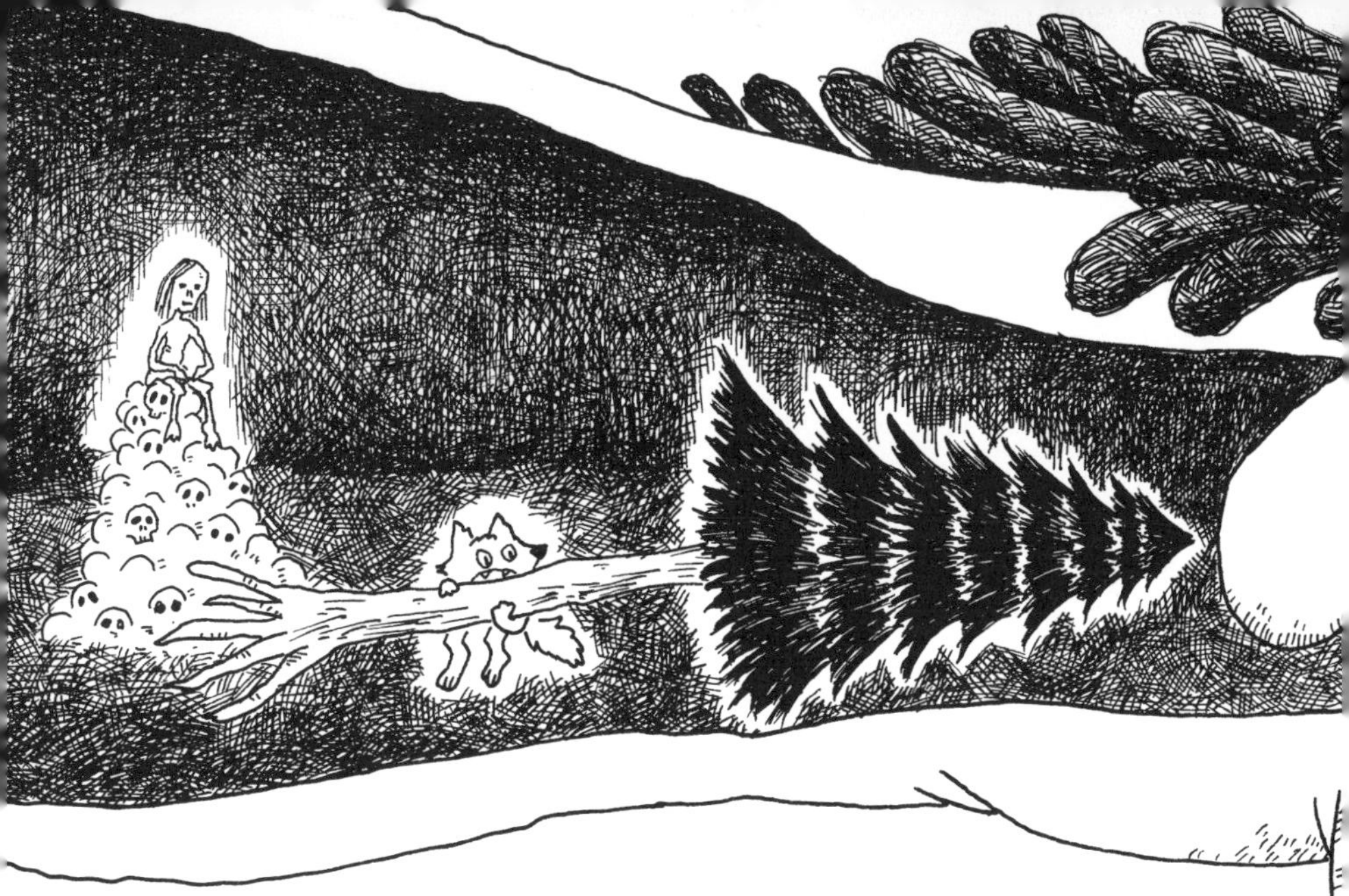

ここが怪物《かいぶつ》の、はらの中《なか》とはしんじられないほど、ひろびろとしています。しかし男《おとこ》のいうように、あたり一《いち》めんにちらばっている、ほねのほかにはなにもありません。

見《み》上《あ》げると、あたまのはるか上《うえ》に、いくつか、あかいものがぶら下《さ》がっていました。にくのかたまりのように見《み》えます。

「あれはいったいなんだ？」

「たぶん、怪物《かいぶつ》のはらわただろうねえ。ああ、うまそうだなあ。たべたいなあ。だけど、あんなにたかいところにあるから、とどきやしない。むりなはなしさ」

「おれさまにまかせておけ」

コヨーテがいいました。

「この松《まつ》の木《き》が、やっと、やくにたつぞ」

コヨーテは、怪物《かいぶつ》のはらの中《なか》のかべに、たかい松《まつ》の木《き》を立《た》てかけました。そして男《おとこ》に、木《き》のねもとをしっかりおさえてもらいながら、のぼりはじめたのです。

たかくたかくのぼっていくと、男《おとこ》も、松《まつ》のねもとも見《み》えなくなりました。コヨーテはかまわずのぼりつづけます。

すると、いくつかの、にくのかたまりに手《て》がとどきそうです。そこに、ひときわ大《おお》きな、あかあかとした、にくのかたまりがありました。たえず、ひろがったり、ちぢんだりをくりかえし、ドカンドカンと大《おお》だいこのような音《おと》をなりひびかせています。

「このでかいにくのかたまりは、怪物《かいぶつ》のしんぞうだな」

コヨーテは、するどい石《いし》のナイフでにくをきりとり、たべてみました。

「うん、これはうまい！」

コヨーテは、もう一《ひと》きれきりとると、下《した》の男《おとこ》になげてあげました。

「うまい！　うまい！　生《い》きかえるようだ」

男《おとこ》のこえが、はるか下《した》からきこえました。

「いたいじゃないか――」

大《おお》ごえが、はらの中《なか》ぜんたいにひびきわたります。

「わしの、からだの中《なか》から出《で》ていけ！」

怪物《かいぶつ》のこえにちがいありません。

「いやだね」

コヨーテはぜんしんの力《ちから》をこめて、石《いし》のナイフをしんぞうにつきさしました！

するとあたり一《いち》めん、ぐらぐらとゆれて、まるで大《おお》きなじしんがおきたようです。コヨーテはひっしに松《まつ》の木《き》にしがみつきました。

つぎのしゅんかん、うごきがピタッととまりました。しんぞうはうごいていません。怪《かい》物《ぶつ》は死《し》んだのです。

まもなく、どこからか、ひかりがさしこんできました。

するとどうでしょう？　太陽《たいよう》のひかりをあびたガイコツたちが、うごきだしたのです。

ほねたちは、ゆっくりとくみあわさって、

ひとりひとり、もとのすがたにもどっていきました。怪物《かいぶつ》にのみこまれて、死《し》んでしまったものたちが、すべて生《い》きかえったのです。

「コヨーテばんざい！　コヨーテばんざい！」

みんなが口《くち》ぐちにさけびます。

松《まつ》の木《き》をおりてきたコヨーテを、たくさんのにんげんたちがむかえました。あのガイコツのような男《おとこ》も、その中《なか》にまじって、コヨーテに手《て》をふっています。

「さあ、みんな、ここから出ていくとしようか」

コヨーテは、にんげんたちのさきに立《た》って、ひかりのほうへとみちびきました。けれども、怪物《かいぶつ》があまりにも大《おお》きいので、出《で》ぐちがなかなか見《み》つかりません。

しばらくあるくと、コヨーテは、ひかりが、さしこむばしょを見《み》つけました。

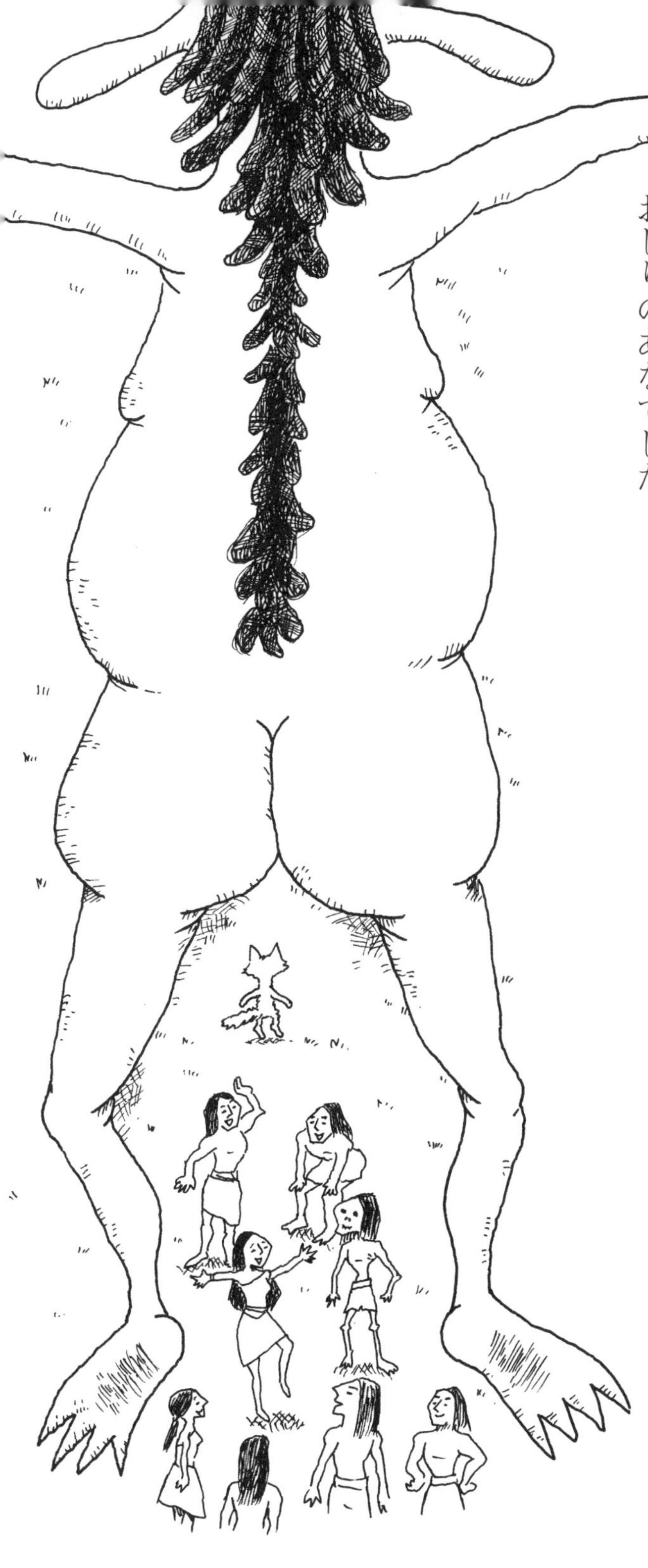

「あそこだ！　みんな、そとへ出《で》られるぞ」
こうしてやっと、そとに出《で》ることができました。日《ひ》のひかりをあびて、みんな大《おお》よろこびです。
コヨーテはふりかえりました。すると、みんなが出《で》てきたのは、怪物《かいぶつ》のおしりのあなでした。

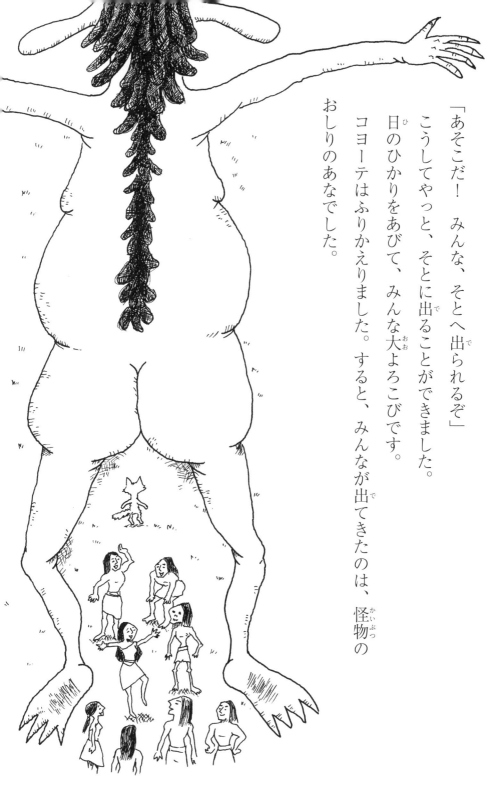

コヨーテ対《たい》怪物《かいぶつ》スカンク

あるところに、ざんこくな怪物《かいぶつ》スカンクがいました。たいへんいやなやりかたで、にんげんや、どうぶつたちをころしてしまうというので、みんな、怪物《かいぶつ》スカンクをひどくきらい、おそれていました。

ある村《むら》に、怪物《かいぶつ》スカンクがちかくにあらわれたという、うわさがながれ

てきました。村《むら》のみんなは、ないたり
さけんだり大《おお》さわぎです。
みかねた長《ちょう》ろうがいいました。
「しゅうかいをひらこう。みんなで、
ちえを出《だ》しあおうじゃないか」

村中《むらじゅう》の、にんげんや、どうぶつたちがあつまりました。

「まずは、怪物《かいぶつ》スカンクがどこにいるのか、正《ただ》しく、しらねばならん」

長《ちょう》ろうがいいました。

「怪物《かいぶつ》スカンクがどこにいるのか、どこへむかっているのか、しらべてくれるような、ゆうきのあるものはいないか？」

ネズミとイタチが名《な》のり出《で》ました。

「おまえたちは、小《ちい》さいがゆうかんだ」

長《ちょう》ろうがいいました。

ゆうかんなネズミとイタチが村《むら》から出《で》て、しばらくあるいていると、山《やま》のよう

なものにぶつかりそうになりました。

「こんなところに、山《やま》なんてあったかい？」

イタチがいうと、

「しっ、しずかに！」

ネズミがいいました。

「これは、怪物《かいぶつ》スカンクの足《あし》だ！」

怪物《かいぶつ》スカンクは、ネズミとイタチに、まったく気《き》づいていないようです。小《ちい》さすぎるのがさいわいしました。

ネズミとイタチは、いちもくさんに村《むら》にもどると、怪物《かいぶつ》スカンクが、かなりちかくまできていることをつたえました。

村中《むらじゅう》が、パニックになりました。

「だれか、だれか、怪物《かいぶつ》スカンクとたたかう、ゆうきのあるものはいないのか!」

長《ちょう》ろうがさけびました。

すると、コヨーテとボブキャットが、ゆうかんにも名《な》のり出《で》ました。

さっそく、コヨーテとボブキャットは、たたかいのためのぎしきをしました。かおにいろをぬり、死《し》へおもむくうたをうたいます。

そのあいだにも、怪物《かいぶつ》スカンクはどんどんちかづいてきて、とうとう村《むら》の入《い》りぐちまでやってきました。

そこに、じめんにうずくまって、あたまをかかえている男《おとこ》がいました。

「どうしたんだ?」

怪物《かいぶつ》スカンクがはなしかけます。

「怪物《かいぶつ》スカンクがきたらどうしようと、おそれているんだよ……」

男《おとこ》は見上《みあ》げて、びっくりぎょうてん！　その怪物《かいぶつ》スカンクではありませんか。

怪物《かいぶつ》スカンクは、男《おとこ》にくるりとおしりをむけると、いいい、おならをしました。

男《おとこ》はいいい、おならのいきおいで、空《そら》たかくとばされて死《し》んでしまいました。

怪物《かいぶつ》スカンクは、男《おとこ》をたべてしまいました。

見《み》ると、べつの男《おとこ》が、こしをぬかしてふるえています。

「どうしたんだ？」

怪物《かいぶつ》スカンクがはなしかけると、男《おとこ》はいいました。

「たのむ、おならをしないでくれ……ふきとばされて死《し》ぬのはいやだ」

怪物《かいぶつ》スカンクは、男《おとこ》におしっこをかけました。すると、男《おとこ》はおしっこの中《なか》でおぼれて死《し》んでしまいました。

見《み》ると、またべつの男《おとこ》がふるえています。

怪物《かいぶつ》スカンクは、男《おとこ》をたべてしまいました。

「たのむ、おしっこをかけないでくれ……おぼれて死《し》ぬのはいやだ」

怪物《かいぶつ》スカンクは、男《おとこ》にくるりとおしりをむけると、うんちをしました。

すると男《おとこ》はうんちの中《なか》で、いきができずに死《し》んでしまいました。

怪物《かいぶつ》スカンクは、男《おとこ》をたべてしまいました。

見《み》ると、こんどはわかい女《おんな》がいます。

女《おんな》は魔術師《まじゅつし》でしたので、ただ、ふるえているだけではありません。手《て》にもっていたキリを空《そら》になげました。キリというのは、さきのとがった、木《き》などにあなをあけるどうぐです。

「キリよ、立《た》ち上《あ》がって、林《はやし》になれ！」

キリはみるまに大《おお》きな木《き》になり、木《き》がふえて林《はやし》になり、怪物《かいぶつ》スカンクのゆく手《て》をさえぎります。

しかし、怪物《かいぶつ》スカンクがおならをすると、林《はやし》の木《き》は、ばたばたとぜんぶ、なぎたおされてしまいました。

女《おんな》はつぎに、もっていたといしを空《そら》になげました。

といしというのは、ナイフなどをするどくして、よくきれるようにするために、こすりつける石《いし》のことです。

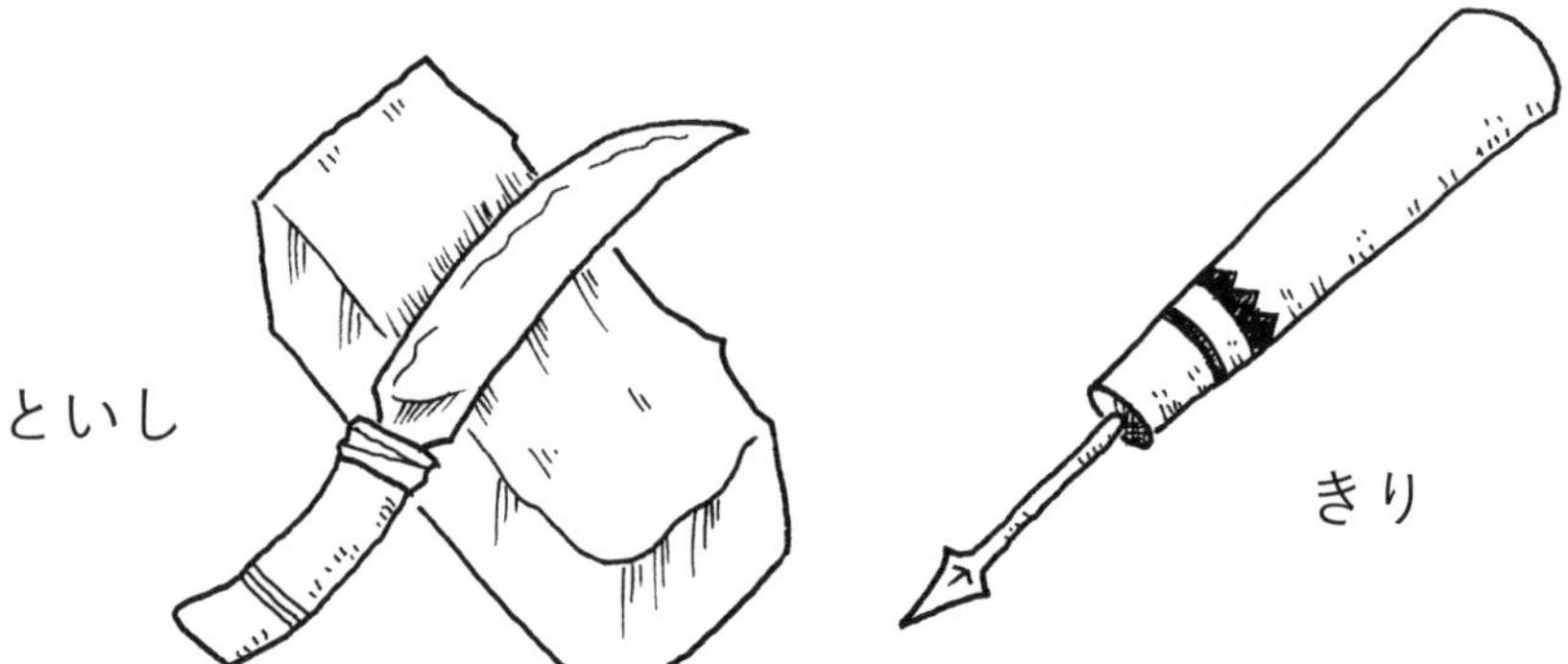

「といしよ、山《やま》になれ！」
といしは、大《おお》きな山《やま》になって立《た》ちはだかります。
しかし、怪物《かいぶつ》スカンクがおならをすると山《やま》にひびが入《はい》り、こなごなにくずれてしまいました。
女《おんな》はつぎに、もっていた水《みず》の入《はい》ったふくろを、空《そら》にほうりなげました。

「水《みず》よ、いけになれ！」

水《みず》はふくろからながれだして、みるみるうちに、大《おお》きないけになりました。ところが怪物《かいぶつ》スカンクは、いけの水《みず》をぜんぶのんでしまったのです。

女《おんな》はもう、なにももっていません。かわいそうに……

怪物《かいぶつ》スカンクは、女《おんな》をつかまえると、おならをふきかけてバラバラにして、たべてしまいました。

このようすを、おばあさんと、

まごむすめが見《み》ていました。

おばあさんは、まごむすめに
いいました。

「はやく、よこになって、死《し》んだふりをするのだよ」

怪物《かいぶつ》スカンクは、ふたりを見《み》つけました。

「おや、もう死《し》んでいるのか?」

怪物《かいぶつ》スカンクは、おばあさんに、はなさきをちかづけると、くんくんと
においをかぎました。

つぎに、小《ちい》さなむすめに、はなさきをちかづけます。

むすめは、ひっしにいきをとめて、死《し》んだふりをつづけます。

「ざんねんだな。おれは死《し》んだにくはたべないのさ」

怪物《かいぶつ》スカンクはいってしまいました。

こうして、おばあさんと、まごむすめは、たすかったのです。

怪物《かいぶつ》スカンクのゆく手《て》に、ゆうかんにもコヨーテとボブキャットが立《た》ちふさがりました。そしていっきに、むてきの怪物《かいぶつ》めがけてとびかかりました。

ボブキャットは怪物《かいぶつ》スカンクの、のどにくらいつき、しっかりとキバをつきたてます。コヨーテは怪物《かいぶつ》のおしりにとびついて、ガブリとかみつきました。

怪物《かいぶつ》スカンクはあばれにあばれて、コヨーテとボブキャットはふりおとされましたが、そのたびに、まけずにとびかかってかみつきます。

はげしいたたかいがつづきました。ボブキャットもコヨーテもなんどかみつき、キバをたて、ツメでひっかいたかわかりません。でも怪物《かいぶつ》スカンクは、へいきなかおをしています。

なんどもふりおとされて、やがて、ボブキャットはすっかり、きずついてしまいました。もう、とびかかる力《ちから》もありません。

怪物《かいぶつ》スカンクは、しあげとばかりに、ボブキャットにくるりとおしりをむけて、おならを出《だ》そうとしました。

「いまだ！」

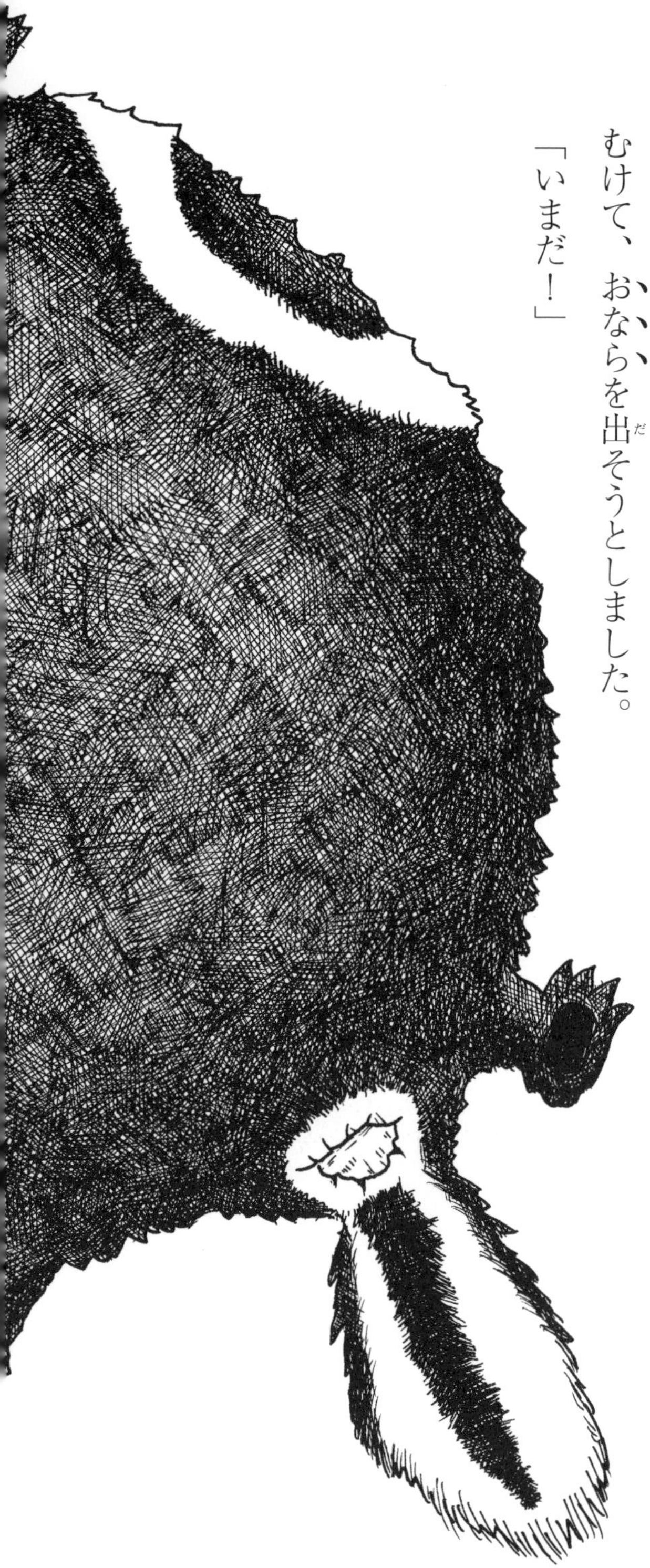

コヨーテは怪物《かいぶつ》スカンクのおしりにとびついて、かくしもっていた石《いし》をおしりのあなにつめました。おならは、おしりのあながふさがれているので出《で》ません。

出《で》ぐちをうしなったおならは、怪物《かいぶつ》スカンクの、はらの中《なか》でふくらみだしました。どんどんふくらんで、あっというまに、ものすごい大《おお》きさになりました。

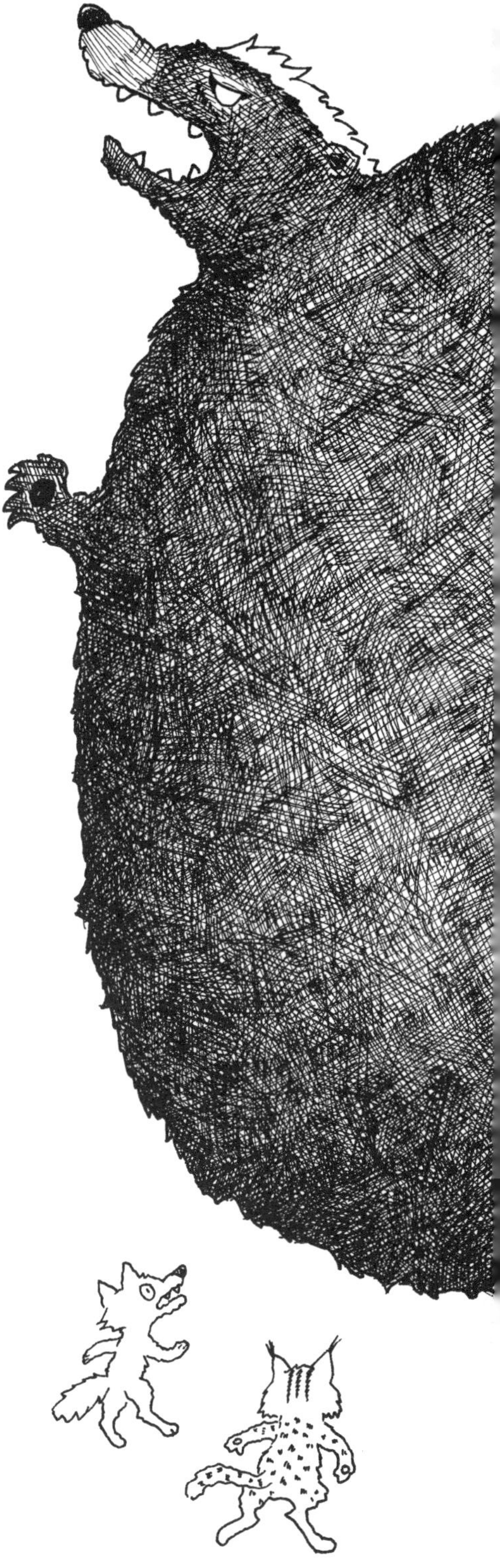

パンッ！

怪物《かいぶつ》スカンクは、はれつしました。はれつした怪物《かいぶつ》スカンクの小《ちい》さなかけらは、それぞれ小《ちい》さなスカンクのすがたになりました。そして、森《もり》へにげていきました。

それはそれは、ひどいにおいが、村《むら》中《じゅう》に立《た》ちこめました。

やがてにおいが、うすれてくると、村《むら》の人《ひと》びとは大《おお》きなうたげをひらきました。コヨーテとボブキャットのために、一《いち》ばんよいせきがもうけられ、みんなで、ふたりのゆうきをほめたたえたそうです。

コヨーテ、夏《なつ》をぬすむ

このよが、できたばかりのころのおはなし。

コヨーテは、ぶるぶるふるえていました。

「ああ、さむい。こごえ死《じ》んでしまいそうだ」

木《き》にとまったカラスが、ガーガーと、はなしかけてきました。

「コヨーテよ、どうすれば、さむくなくなるかしってるかい？」

「どうすればいいんだい？」

「このさきに、魔術師《まじゅつし》のおばあさんがくらしているティピー（インディアンのすむテント）がある。このおばあさんが〈夏《なつ》〉っていうものをもっているんだ。夏《なつ》があれば、あたたかくなる。ここらへんがぜんぶ、あたたかくなるんだぜ」

このよができたばかりのころは、まだ夏《なつ》がありませんでした。だからいつも冬《ふゆ》で、たいへんさむいのです。

「わかった。おれさまが夏《なつ》をぬすもう」

コヨーテはいいました。

「おばあさんは、きょうりょくな魔術師《まじゅつし》だ。つよそうな、むすこたちもいる」

カラスはいいました。

「五人《ごにん》のなかまをつれていけ。オオカミとヘラジカ、ワピチ（アメリカアカシカ）にシカ、そして、レイヨウだ。おばあさんのティピーについたら、まず、オオカミがほえて、むすこたちをぜんいん、そとへおびきだすんだ。オオカミが、むすこたちをひきつけているあいだに、コヨーテ、あんたが夏《なつ》をぬすむんだ。あんたは、かしこいから、きっとやりとげられるよ」

「ティピーの中《なか》に、魔術師《まじゅつし》のおば

あさんがのこっているじゃないか。どうしたらいいんだ?」

コヨーテはいいました。

「おまえに、つよいメディスンをやろう」

カラスはそういって、コヨーテにメディスンを手《て》わたしました。メディスンとは、大《おお》いなる力《ちから》をあたえてくれる、ふしぎな力《ちから》をもつものです。

「いいか。ティピーの中《なか》には、ふくろが二《ふた》つある。一《ひと》つは黒《くろ》で、一《ひと》つは白《しろ》。黒《くろ》いほうをぬすむんだ。それには夏《なつ》が入《はい》っているから。白《しろ》いほうではないぞ。そっちには冬《ふゆ》が入《はい》っている。おれたちにはひつようない。黒《くろ》いふくろをもってはしるんだ」

大《おお》きなティピーには、魔術師《まじゅつし》のおばあさんとむすこたちがいました。むすこたちはからだがとても大《おお》きく、たくましくてつよそうです。

まず、オオカミがほえました。魔術師《まじゅつし》のむすこたちがオオカミをつかまえようと、ティピーからいっせいにとび出《だ》してきました。

オオカミがにげだし、むすこたちがおっていくのを見《み》て、ココーテはティピーにしのびこみました。

中《なか》では、おばあさんがひとりモカシンをつくっています。モカシンというのは、どうぶつのかわでできたインディアンのくつのことです。

ココーテは、うしろからしのびよると、すばやく、おばあさんの口《くち》びるに、メディスンをすりこみました。するとおばあさんは、口《くち》をあけても、こえが出《で》なくなりました。これで、むすこたちに、たすけをよぶことはできません。

コヨーテはいそいで黒《くろ》いふくろをひっつかむと、ティピーからとび出《だ》しました。

しばらくすると、オオカミをおっていたむすこたちがコヨーテに気《き》づき、おいかけてきたではありませんか。

コヨーテは、ぜんそくりょくです。しばらくはしっていると、いきがきれてきました。

もうすこしで、つかまってしまう！

まえでヘラジカがまってい

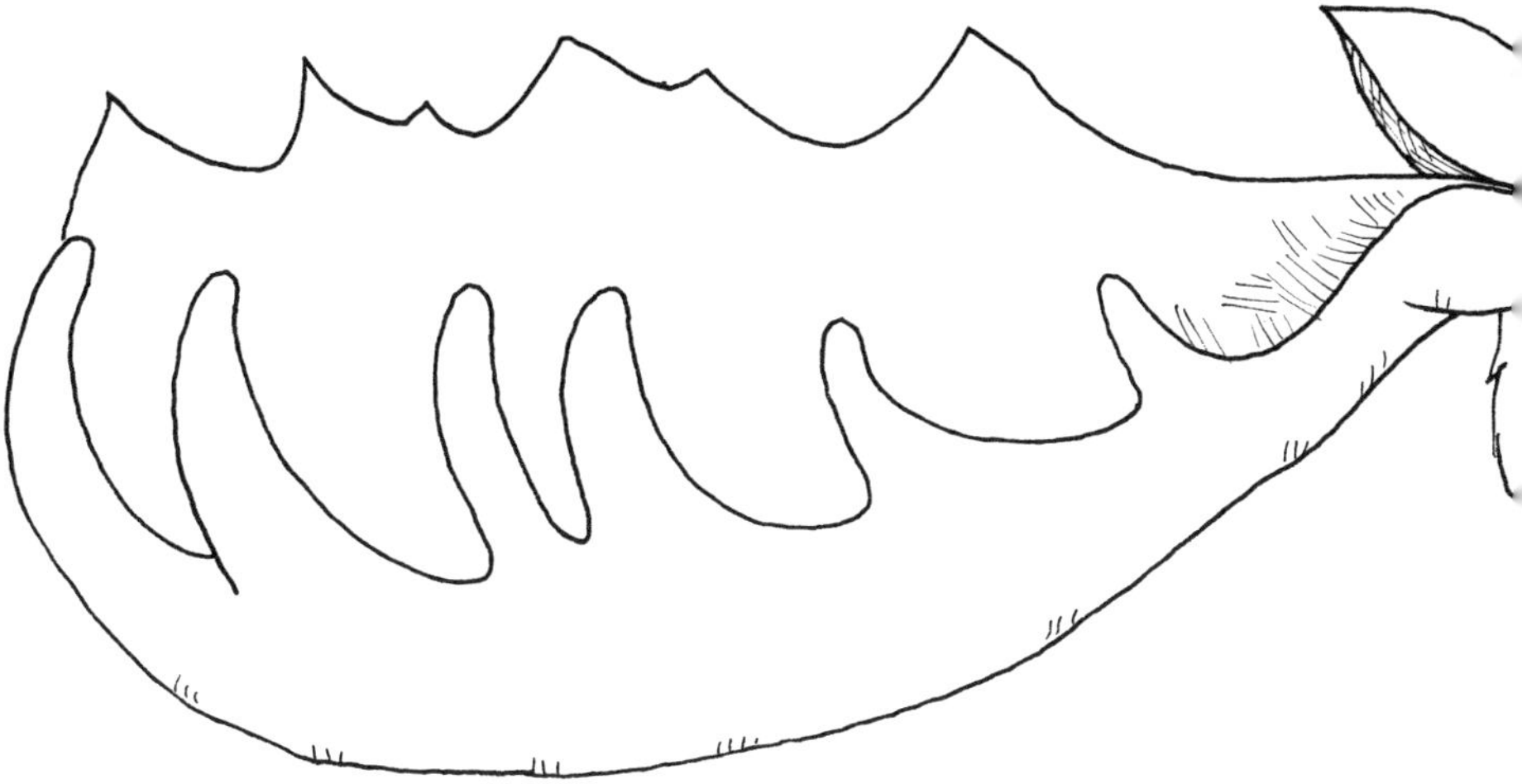

ます。カラスのさくせんどおりです。

コヨーテが黒《くろ》いふくろをわたすと、五人《ごにん》の中《なか》で一《いち》ばんからだが大《おお》きいヘラジカは、いっしょうけんめいはしりだしました。しかし、おばあさんのむすこたちはたいへん足《あし》が速《はや》いので、どんどんちかづいてきます。

もうすこしで、つかまってしまう！

ヘラジカはワピチに、ふくろをわたしました。ワピチもさくせんどおり、まちかまえていたのです。

おばあさんのむすこたちは、いかりくるってワピチをおいました。むすこたちは、つかれをしらないようです。すこしもスピ

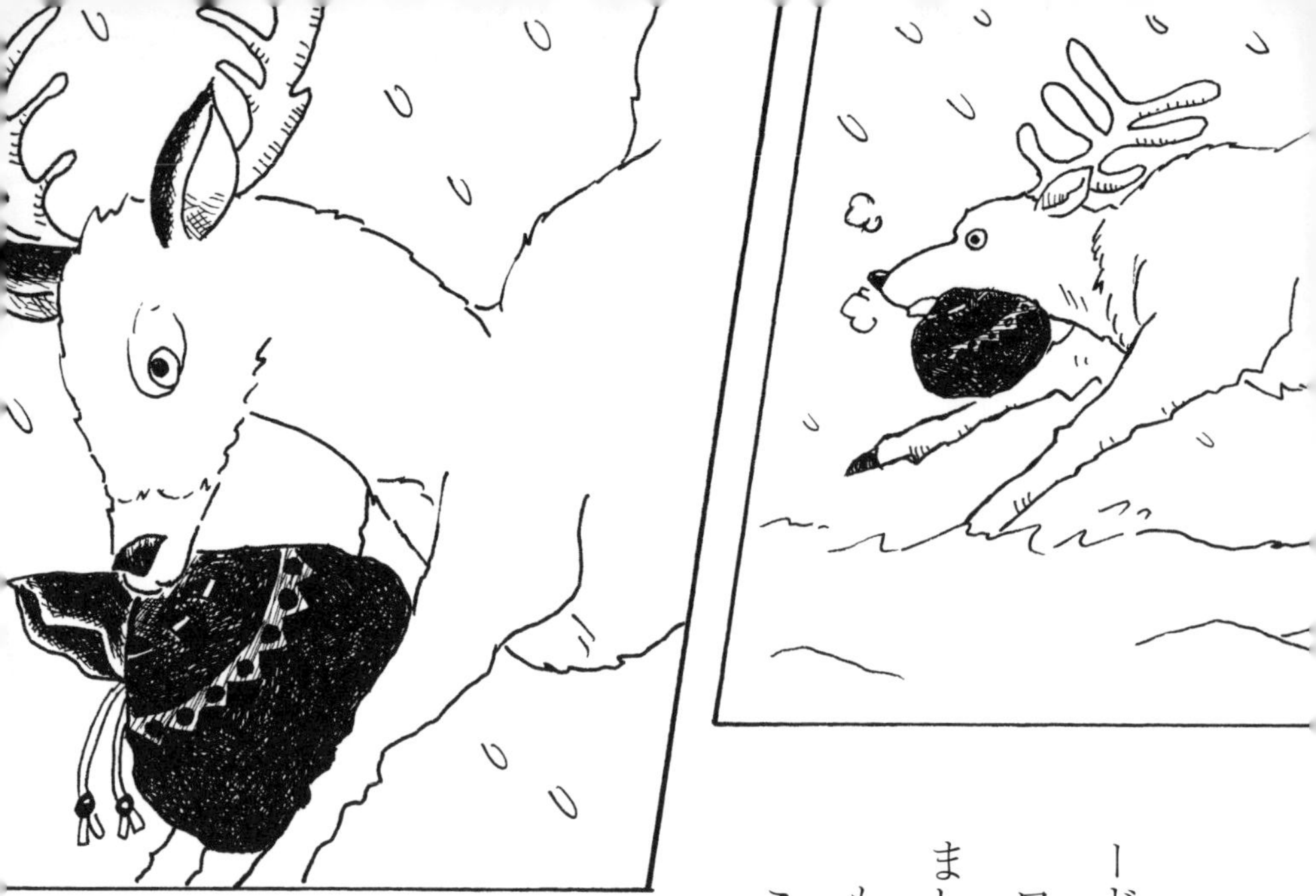

ードがおちません。

ワピチは、へとへとにつかれきってしまいました。

もうすこしで、つかまってしまう！

こんどはシカがふくろをうけとりました。

シカは足《あし》が速《はや》いので、ながいきょりをはしったものの、ついに、つかれはててしまいました。

もうすこしで、つかまってしまう！

まちかまえていたレイヨウが、またもや、ふくろをうけとりました。

レイヨウは五人《ごにん》の中《なか》で、一《いち》ばん足《あし》が速《はや》いのです。いっきにスピードをあげ

ると、おばあさんのむすこたちを、見《み》るまに、おきざりにしていきました。
　こうなるとさすがの、むすこたちもへとへとで、とうとう、おいかけるのをあきらめてしまいました。
　レイヨウはぶじ、みんなの村《むら》へ、とうちゃくしました。
　レイヨウがカラスと

いっしょに、なかまたちがもどるのをまっていると、オオカミ、ヘラジカ、ワピチ、シカが、つぎつぎとかえってきました。さいごに、コヨーテがもどってきました。

そしていよいよ、コヨーテが黒《くろ》いふくろをひらくときです。

夏《なつ》がいきおいよくとび出《だ》してきました。

すぐにあたりが、あたたかくな

りました。いっせいに花《はな》がさき、みどりの草《くさ》がぐんぐんのびていきます。はだかの木《き》から、みどりのめがふきだしていきます。だいちが、よろこびのこえをあげていきます。

みんながよろこんでいるところへ、おばあさんのむすこたちがあ

られました。

「このどろぼうめ。よくも、かあさんのふくろをぬすんだな。おれたちの夏《なつ》をかえせ！」

「かえさないよ」

コヨーテはいいました。

「夏《なつ》って、すばらしいじゃないか。おれたちは、夏《なつ》がとても気《き》にいったんだ」

「じゃあ、せんそうだ！」

むすこたちはいいました。

「夏《なつ》をとりもどすまで、さいごのひとりが死《し》ぬまで、たたかってやるぞ！」

コヨーテは、せんそうなんていやでした。さいごのひとりまでたたかうなんて、ぞっとします。

「こうしようじゃないか」

コヨーテはいいました。

「はんぶんにわけあうんだ。おれたちは一《いち》ねんのはんぶんだけ、夏《なつ》をもつことにする。のこりのはんぶんは、冬《ふゆ》の白《しろ》いふくろをもとう」

「それならばいい」

むすこたちはいいました。

それで、きせつは、いまのように夏《なつ》と冬《ふゆ》がめぐるようになったのです。

コヨーテ、太陽《たいよう》をぬすむ

あるところに、たいへん、たかい山《やま》がありました。

そのかたほうの、しゃめんには「やみの村《むら》」がありました。山《やま》のはんたいがわの、しゃめんには「ひかりの村《むら》」があるそうです。

しかし、やみの村《むら》にすむもので、山《やま》をこえて、むこうがわにいってみよ

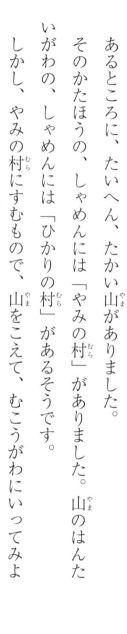

うというものはいませんでした。そこになにがあるのか、さっぱりわからなかったので、村《むら》から出《で》るのがこわかったのです。

コヨーテは、やみの村《むら》にすんでいました。

コヨーテは、こうきしんがおうせいで、ぼうけんがだいすきです。いつも、だれもいかないようなところへ、いきたがっています。コヨーテは、

山《やま》のはんたいがわに、いってみたくてしようがなくなりました。

「ひかりの村《むら》を見《み》てみたいなあ。いったい、どんなところなんだろう？

きけんかもしれないけれど、しりたくてしようがない」

あるときコヨーテは、たったひとりで山《やま》をのぼり、はんたいのしゃめんをおりてみました。村《むら》らしきものが見《み》えたので、コヨーテは、そっと、しのびこんでみました。

すると、どうでしょう？

ひかりの村《むら》はあかるくて、まぶしくて、目《め》があけていられないほどです。

やっと目《め》がなれてくると、にんげんたちが見《み》えました。なんだか、やみの村《むら》の人《ひと》びととは、ふんいきがちがいます。

コヨーテはあたりを見《み》まわして、一《いち》ばん、りっぱないえにしのびこみました。それは、ひかりの村《むら》のチーフのいえでした。チーフとは、村《むら》で一《いち》ばんえらい人《ひと》のことです。

ものかげにかくれてのぞいていると、チーフはだいじそうにカゴから、なにかをとりだしました。

それは、ひかりかがやく太陽《たいよう》でした。太陽《たいよう》はまわりのすべてのものを、そのひかりで、かがやかせています。チーフはそとに出《で》ると、太陽《たいよう》を、そっと空中《くうちゅう》にうかばせました。太陽《たいよう》はゆっくりと東《ひがし》から西《にし》へ空《そら》をめぐり、チーフのもとへもどってきました。チーフは太陽《たいよう》をカゴの中《なか》にもどしました。すると、あたりはくらくなりました。

つぎにチーフは、もう一《ひと》つのカゴから、なにかをとりだしました。

月《つき》です。

ふたたび、あたりがあかるくてらされました。ただし、太陽《たいよう》ほどではありません。月《つき》は、すこしだけまわりをてらしながら、空《そら》のみちをゆっくりとすすみ、もどってきました。するとまた太陽《たいよう》が、カゴからすがたをあらわしました。

コヨーテは、すべてをずっとながめてい

ました。目《め》のまえで、おこっていることがしんじられません。

そっと、ひかりの村《むら》をぬけだしたコヨーテは、やみの村《むら》へともどりました。そして、やみの村《むら》のチーフに、その目《め》で見《み》たことをつたえました。

ところがチーフは、コヨーテのいうことをしんじてくれません。うそつきとまでいいました。

「ほんとうだよ、すばらしいものが、二《ふた》つもあったんだ。太陽《たいよう》と月《つき》っていうんだよ。それさえあれば、みんな、ひかりであかるくてらされるんだ」

「ゆめでも、見《み》たんだろう?」

やみの村《むら》のチーフは、あいてにしてくれません。

「じゃあ、おれさまが、ひかりの村《むら》から、太陽《たいよう》と月《つき》をぬすんでくるよ」

「やめておけ」

チーフは、からかうようにいいました。

「そんなもの、この村《むら》にはひつようない」

　コヨーテは、ふたたび山《やま》をこえて、ひかりの村《むら》へいきました。

　そして、ひかりの村《むら》の入《い》りぐちに、ながながとねそべると、かれえだにへんしんしました。まえにしのびこんだときに、ひかりの村《むら》のチーフが、かならず、ここをとおることに気《き》づいていたからです。

　やがてコヨーテのおもったとおり、チーフがやってきました。

　そして、かれえだに気《き》づくと手《て》にとりました。

「これは、たきぎにするのにちょ

うどいい」

チーフはそのまま、コヨーテのかれえだをもってかえりました。

ひかりの村《むら》のチーフはいえにかえると、すぐ火《ひ》をおこしました。そして、ひろったばかりのかれえだを火《ひ》にくべました。

「あついっ！」

えだはすぐに、火《ひ》からとび出《だ》してきました。

チーフはふしぎにおもいながらかれえだをつかむと、また火《ひ》にほうりこみました。

するとこんどは、かれえだは火《ひ》をさけるように、きゅうっと、まがりました。あつくないようにほのおをよけて、

たきびをぐるりとかこんでいます。

チーフはまた、かれえだをつかむと、火《ひ》にほうりこみました。

すると、ピョンと、かれえだはまっすぐ立《た》ち上《あが》ったのです。

「へんだな?」

チーフは、かれえだをよく見《み》るために、かおをちかづけてみました。

ようし! コヨーテはここぞとばかりに、まほうをつかいました。するとチーフは、そのばでねむってしまいました。

コヨーテは、かれえだからもとのすがたにもどると、二《ふた》つのカゴをつかんでにげだしました。

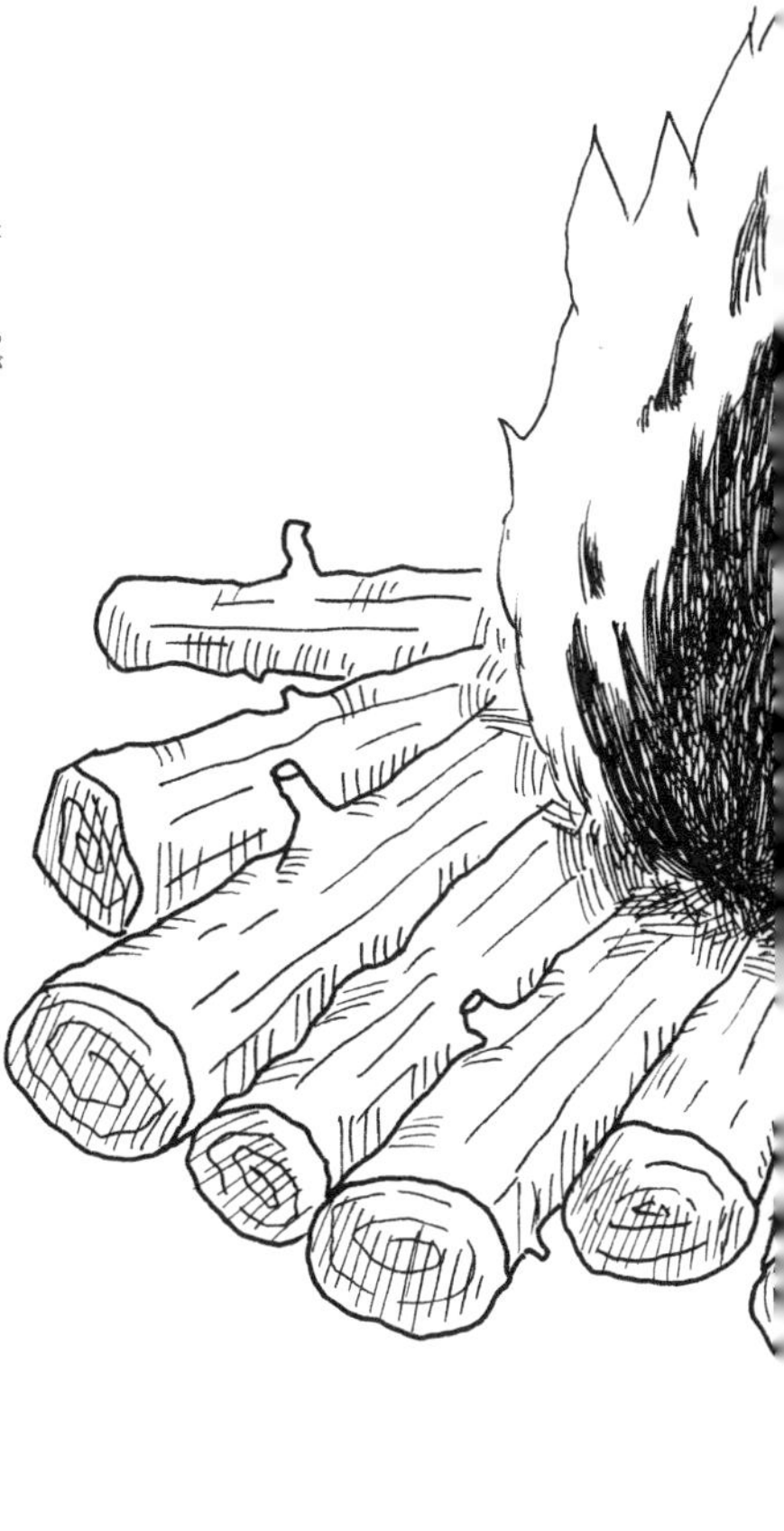

しばらくして、ひかりの村《むら》の人《ひと》びとが、なにかがおかしいと気《き》づきました。すぐに、村中《むらじゅう》の人《ひと》びとが、太陽《たいよう》と月《つき》をとりもどそうとコヨーテをおいかけてきました。太陽《たいよう》と月《つき》は、ずっしりとおもいのですが、コヨーテは足《あし》にじしんがありました。

ひかりの村《むら》の人《ひと》びとは、コヨーテなど、すぐにつかまえられるとおもっておいかけましたが、ぜんぜんおいつきません。手《て》をのばせば、とどきそうなところにいるのに、するりするりと、さきへいってしまうのです。

そうこうしているうちに、コヨーテは山《やま》をかけあがり、ちょうじょうをこえて、はんたいがわをかけおりて、やみの村《むら》へとかえっていってしまいました。

おいかける人《ひと》びとも、ちょうじょうまできました。そして下《した》を見《み》て、足《あし》をとめました。

目《め》のまえには、やみの村《むら》がひろがっています。ぶきみなまでに、まっくらです。ひかりの国《くに》の人《ひと》びとは、こんなまっくらやみを、いままで見《み》たことがありませんでした。そのあまりのきみのわるさに、おいかけるのをやめてしまいました。

さて、コヨーテは、いきようようと、やみの村《むら》へともどると、チ

ーフのもとへいきました。やみの村《むら》の人《ひと》びとがみな、ぞろぞろと、コヨーテについてきます。

コヨーテは二《ふた》つのカゴを、チーフの目《め》のまえにおきました。チーフは

足《あし》でカゴをつついてみたり、けってみたりしています。

ココーテはカゴをあけました。

太陽《たいよう》がとび出《だ》してきました。

すべてのものが、太陽《たいよう》のひかりにてらされます。

村《むら》の人《ひと》びとは、生《う》まれてはじめて見《み》る、まぶしいひかりに、わっ！　と、こえをあげました。

「こんなへんなものは、いやだな」

ただ、やみの村《むら》のチーフは、もんくをいいます。

「目《め》にわるい。みんな、目《め》がわるくなっちまう。こんなものは、われわれには、なんのやくにも立《た》たん」

しかし、人《ひと》びとは、あかるいひかりが気《き》にいっ

て、とてもよろこんでいます。

コヨーテは、もう一《ひと》つのカゴをゆびさしていいました。

「こっちは、よるをあかるくしてくれる、月《つき》っていうんだ」

「まったく、やくに立《た》たん」

チーフは、また、もんくをいいます。

「太陽《たいよう》とおなじくらい、ひどいもんだ。よる、あかるくなったらどうなる？　みんな、よるに、ねむらなくなるぞ。ねむらないであそんでしまって、みんな、なまけものになっちまうぞ！」

しかしもはや、チーフのこえに耳《みみ》をかたむけるものは、だれもいませんでした。

コヨーテは太陽《たいよう》と月《つき》のうごきをちょうせつして、せかい中《じゅう》をてらすようにしました。

人《ひと》びとは「よくやった！」と、コヨーテをほめたたえました。

そしてみんなで、コヨーテを、あたらしいチーフにしたのでした。

コヨーテとインディアン

北《きた》アメリカ大陸《たいりく》には、アメリカ合衆国《がっしゅうこく》やカナダやメキシコが誕生《たんじょう》する、ずっと前《まえ》のむかしから、アメリカインディアンたちがくらしていました。自然《しぜん》の中《なか》で、自然《しぜん》とともに生活《せいかつ》していたのです。

そこにヨーロッパから、たくさんの移民《いみん》がやってくるようになると、インディアンたちはじょじょにすむ土地《とち》をおいだされていきます。ていこうして、戦《たたか》ったりもしましたが、けっかてきにやぶれてしまい、インディアンがそこでくらすようにときめられた居留地《きょりゅうち》に追《お》いやられました。狩《か》りなどの生活《せいかつ》の手段《しゅだん》はうばわれ、自然《しぜん》とともにくらすかんがえかたは長《なが》いあいだ、否定《ひてい》されてきました。

インディアンと一言《ひとこと》でいってしまうのがむずかしいほど、インディアンにはいろいろな部族《ぶぞく》がいました。すんでいるところによって、ことばも文化《ぶんか》もちがいます。そんなさまざまな部族《ぶぞく》の、さまざまなお話《はなし》の中《なか》に、コヨーテはたびたび登場《とうじょう》します。

オオカミによく似《に》たイヌ科《か》の動物《どうぶつ》、コヨーテ。コヨーテは、神《かみ》や、神《かみ》のつかいのように、人間《にんげん》に太陽《たいよう》を、夏《なつ》をもたらすという、たいせつなやくわりをはたします。でもそのいっぽうで、こうきしんがおうせいなあまり、なんでもやってみようとして、バカみたいな失敗《しっぱい》もします。コヨーテがほんとうはかしこいのか、バカなのか、かっこいいのか、まぬけなのか、だれにもわかりません。でもさまざまなお話《はなし》に登《とう》場《じょう》するコヨーテには、どれも、なにがなんでも生《い》きぬいてやろうという、つよい意《い》志《し》があふれています。

ずるがしこい、ということは、インディアンのお話《はなし》の中《なか》で、けっして悪《わる》い意味《いみ》ではありません。とくにからだが大《おお》きいわけでも、つよいわけでもなく、とくべつすばしこいわけでもないコヨーテにとって、ずるがしこいことは、きびしく、おいつめられた状況《じょうきょう》をきりひらいていくための、たいせつな武器《ぶき》でした。

ときにきびしい自然《しぜん》の中《なか》でくらしてきたインディアン、そしてくるしい道《みち》のりの歴史《れきし》をあゆんできたインディアンにとって、ずるがしこく生《い》きぬいていくコヨーテは、生命《せいめい》のエネルギーにみちた、たいへん意味《いみ》のある存在《そんざい》なのです。

（高野由里子）

〈参考文献〉

まえがき

Katharine Berry Judson, compiled and edited, *Myths and Legends of California and the Old Southwest* (Chicago: A. C. McClurg, 1912).

そらをとびたい

Frank Hamilton Cushing, recorded and translated, *Zuni Folk Tales* (1901; Whitefish, MT: Kessinger, 2006).

Matt Dembicki, *Trickster* (Golden, CO: Fulcrum, 2010).

コヨーテとカメ

Elizabeth Willis De Huff, collected and retold, *Taytay's Tales* (1922; Whitefish, MT: Kessinger, 2010).

Richard Erdoes and Alfonso Ortiz, selected and edited, *American Indian Trickster Tales* (New York: Penguin, 1999).

コヨーテ、ロバを売る

Grenville Goodwin, *Myth and Tales of the White Mountain Apache* (1939; Tucson: U of Arizona P, 1994).

Richard Erdoes and Alfonso Ortiz, selected and edited, *American Indian Trickster Tales*.

コヨーテ、おそろしい怪物をたおす

Louisa McDermott, "Folk-Lore of the Flathead Indians of Idaho: Adventures of Coyote," *The Journal of American Folklore* 14 (1901).

Richard Erdoes and Alfonso Ortiz, selected and edited, *American Indian Trickster Tales*.

コヨーテ 対 怪物スカンク

Alanson Skinner, "Plains Cree Tales," *The Journal of American Folklore* 29 (1916).

F. G. Speck, *Myths and Folklore of the Timiskaming Algonquin and Timagami Ojibwa* (Ottawa: Government Printing Bureau, 1915).

Richard Erdoes and Alfonso Ortiz, selected and edited, *American Indian Trickster Tales*.

コヨーテ、夏をぬすむ

S. C. Simms, "Traditions of the Crows," *Publications of the Field Columbian Museum Anthropological Series* 2 (Chicago: Field Museum of Natural History, 1903).

Richard Erdoes and Alfonso Ortiz, selected and edited, *American Indian Trickster Tales*.

コヨーテ、太陽をぬすむ

S. A. Barrett, "Myths of the Southern Sierra Miwok," *American Archaeology and Ethnology* 16 (Berkeley: U of California P, 1919).

Richard Erdoes and Alfonso Ortiz, selected and edited, *American Indian Trickster Tales*.

高野由里子
たかの・ゆりこ
1968年生まれ。東京都立大学人文科学研究科、英文学博士後期課程満期退学。訳書にインディアンの児童よみもの『魔術師ミショーシャ——北米インディアンの話』（H.R.スクールクラフト採話、長沢竜太 絵、風濤社）がある。

古沢たつお
ふるさわ・たつお
1976年東京生まれ。絵本のワークショップ「あとさき塾」で学ぶ。第16回小学館おひさま大賞優秀賞を受賞。絵本に『クヌギくんのぼうし』（風濤社）、『おしゃれなからすガラフィーさん』（おはなしプーカ、学研）がある。お散歩と、猫が好き。

コヨーテ 太陽をぬすむ
アメリカインディアンのおはなし

2016年10月1日初版第1刷発行

編訳　高野由里子
絵　古沢たつお
発行者　高橋 栄
発行所　風濤社
〒113-0033 東京都文京区本郷3-17-13 本郷タナベビル4F
Tel. 03-3813-3421　Fax. 03-3813-3422
印刷・製本　中央精版印刷

ISBN978-4-89219-418-4

魔術師《まじゅつし》ミショーシャ

北米インディアンの話

H. R. スクールクラフト 採話
W. T. ラーネッド 著
高野由里子 訳　長沢竜太 絵

ケモーン、ポール！　つぎつぎに罠をしかける魔術師ミショーシャを少年シーグァンが勇気と誇りで打ちたおす！　インディアンに伝わる、不思議な冒険3作。

A5 判上製　128 頁　児童よみもの
本体 1,500 円　978-4-89219-385-9

クヌギくんのぼうし

古沢たつお 作

どんぐりの男の子、クヌギくん。
たからものは、とってもすてきな帽子。
ある日、公園であそんでいると、帽子がとんでいって……。

AB 判上製　32 頁　絵本
本体 1,500 円　978-4-89219-388-0

風濤社